Wendy Guerra

Ropa interior

BRUGUERA

Barcelona · Bogotá · Buenos Aires · Caracas · Madrid · México D.F. · Montevideo · Quito · Santiago de Chile

1.ª edición: abril 2008

© Wendy Guerra, 2008
© Ediciones B, S. A., 2008
 para el sello Bruguera
 Bailén, 84 - 08009 Barcelona (España)
 www.edicionesb.com

Printed in Spain
ISBN: 978-84-02-42055-8
Depósito legal: B. 12.365-2008

Impreso por ROMANYÀ VALLS, S.A.

Wendy Guerra

Ropa interior

... El editor me regresó el libro diciendo: «Madame, llévese toda su ropa interior, no nos interesa su libro...»

ANAÏS NIN (cartas)

Ella se vuelve a mirar un momento en el espejo, sin darse cuenta de que se fue su amante: su cerebro deja paso a un pensamiento a medio formar: «Bueno, ahora ya está: y me alegro de que haya pasado.» Cuando la hermosa mujer desciende a la locura y da vueltas otra vez por su cuarto, sola, se alisa el pelo con mano automática y pone un disco en el gramófono.

T. S. ELIOT
La Tierra baldía («La hora violeta»)

Yo era la guardiana de la ausencia y la memoria no podía perdérseme...

REINA MARÍA RODRÍGUEZ
(Recopilación)

SALMO PENINSULAR

Marenostrum
tú que llegas hasta donde el límite no puede besar
que haces de los peces el alimento más puro de los hombres
tú que sostienes los barcos y los mundos
que ofrendas santos a la suavidad violenta del viento
    como milagros de fe
que separas y distancias aíslas y alejas postergas y fugas
¡Ay Marenostrum!
Así como tienes esa fuerza en mi pasado
rompe el cristal del agua y hazlo emerger curando mi
    presente atormentado
sin miedo Marenostrum a las olas quebrantadas
y con la seguridad del Mesías sobre el agua avanza a mí
protege su entrada misteriosa en mi bahía de bolsa
como entra el río en los ojos de sus hijos
como entra su boca en mi pequeña boca de sal y arena
    cernida de dolor
Marenostrum plataforma insular hazlo hacer ruta del
    bien
paso de sangre azul por mi país disperso mi paraíso
    herido mi aguafuerte

haz de mi cuerpo un puente de vidrio que traiga a casa
    a las criaturas disipadas
alúmbrales sus pies   sus rumbos   sus pisadas
si fueron mis amigos no los conviertas jamás en mis
    enemigos   déjalos llegar
y navégales en mi mar sin juzgar la comunión de
    nuestros cuerpos distanciados
que el destino de sus piernas   y el placer de sus ojos sobre
    el valle
sea bendecido por tu azul
Marenostrum
hazlos volver y no le cierres la puerta común que hoy está
    lacrada
para que sea por fin divino el placer de lo que no es sólo
    nuestro
para que seas mar   hombre y mujer   en la justa humedad
    de nuestros cuerpos
para que sea tuya la playa y sus contornos
para que recobre sentido la ruta de los peces en su
    territorio usurpado
para que estemos juntos como siempre ya para siempre
Amén.

ROJO

Mil flamingos rojos encendieron mi cuerpo entre las
    playas
Otra vez el veneno de sándalos en mi boca dispersa
Transformas el diario como al agua el invierno
Del hielo a la humedad hay un temblor apenas
Una canción restaurada   tantas dudas y rencores pasados
Un verano   una estación sin intermedios desparrama
Soy una lágrima perdida en los estanques
que no regresa más al cuaderno encendido
al delirio que prende en tus deseos
A mi propia salvación entre los versos llego tarde
Posas para el mundo   Pero no posas para mí
Dices adiós al fuego olvidando mi abrigo
en un invierno tan crudo que me enferma
Siento en tu voz cubana que el dolor regresará por siempre
Tiemblo   pero regresará por siempre y no sirve de nada
Es un toro que desangra en mis recuerdos
Varios ensayos para morir en el ruedo
Rojo
Rojo
Rojo y tan púrpura que muero.

NIEVE EN LA HABANA

desciendo del brumoso firmamento
en copos blancos de irisada nieve

JULIÁN DEL CASAL

Bajo el manto los restos de mi virginidad naufragan
la pureza y la duda
Amanece La Habana, un poco menos fría que mis ojos
Un juguete de nieve para la niña pérfida
que disfrazada de diablo va a la escuela
Has dejado el abandono equívoco la ciudad muerta
Sigo estando bien entre las calles vacías
No te espero ya porque es muy tarde
Y aunque resulte raro estamos vivos en el zoológico de
        siempre
Me he descubierto anclada en la fiesta epistolar de tus
        mentiras.
Recupero el aliento de mi letra y ahora narro el paisaje
que te excluye
sólo en la pérdida se halla lo esperado

un molusco y un trozo de alcatraz entumecido por el
    hielo
Zambullo el cuerpo en la clarividencia de la playa
Rompo la inmovilidad del miedo haciendo equilibrios en
    la punta.
Un malecón nevado   un espacio inundado por la duda

Escribo cartas en el ardor del tiempo
y me descubro en un dibujo luminario
Rompo la inmovilidad de mis estrofas
Ahora es sólo esquiar para encontrarte
Desde el profundo Caribe sin saber de nada
floto sobre un intenso equívoco de nieve en mi propia
    ciudad
bajo mi propia saya
Espero al sol mientras remar ya no es posible
Me corto las manos resbalando sobre el blanco
Un puerto es una salida al mundo   no una pista de hielo
Una estancia dislocada en los inviernos
Un nuevo laberinto que me aprendo y se me olvida
Si ahora intento morir bajo la nieve
La Habana es quien me salva del vacío.

DEPORTES DE INVIERNO

Lanzados en las lanas volcados en supremas libaciones
    que no duelen
Arrojados al letargo del cimiento que nos flecha
Subiendo y bajando sobre el cuerpo del otro en planchas
    perfectas suspendidas
Derramados de espalda y de rodillas sudando todo el
    rumor que antes prometió al mar
Entre la ebriedad de algunas añejas maravillas que
    bebieron antiguos sentimientos
Y desde mi embriaguez natural encomendando tu
    embrujo así invernamos en el trópico
Destapándolo todo abiertos como quien cree en el
    verano de enero
Desnudando lo que el frío equívoco y lejano pensó no
    podríamos descalzar
Así rompiste el hielo así tocamos fondo esquiando sin
    protección en la antártica secreta
Deportes de invierno
Juegos de la nieve que nunca conocí hasta tragar la tuya
Cacería que termina en un hambre de fieras tirados por
    trineos arrastrada por tu sexo

Sin más vencedor que mi cuerpo en tu cuerpo
    resguardado
Deportes de invierno en que somos
La gloria de nuestros propios territorios derretidos.

SAL

Estoy en la isla   es la sima de la montaña blanca
He venido a las salinas para probar el rosa de las piedras
      en tu nombre
El grado de acidez de este accidente que nunca podrá
      sazonar el dolor
Reprimen el acento de sabores en mi cena
No ponen sal para que olvide
Esta agria distancia puede volverse dulce
si se derrama sobre el mantel hacia atrás y todo vuelve a
      comenzar
Pero sólo es sal
y yo volveré a verte una vez más
en el insomnio.

EL VIAJE INVERSO

Hago y deshago la maleta
hago y rehago todo con intención de partir
Llamo a los amigos   les cuento que me escapo
y luego subo disimuladamente a la balsa
a recibir en paz los sortilegios del sol
Un anillo de bodas perdido en el estómago de un pez
Y otra vez las valijas para el viaje impostergable
Veo y veo ese inmóvil trozo de mármol
que son las botas de mi monumento personal
Mira cómo viajan mis lágrimas sobre la valija
los sigues con el dedo índice
y llegarás hasta al centro de mis dudas
Pesco en el mismo mar que desborda el agua de mis ojos
Veo cómo sube mi valija incompleta
mi brújula atormentada
y el dibujo de un niño con el mapa de Cuba
Trazo las mil formas de un bojeo exploratorio
Sacar el pie   para probar la temperatura exacta de las
    aguas
retroceder un poco   y partir luego
a la regata interminable y conclusiva

Alguien me empuja en broma y casi caigo ahogada
pero conservo un asombroso estado de equilibrio
Hago el viaje al interior
divisando iluminada que yo dicto
el último renglón de mis ideas.

UN ROSTRO EN LA MUCHEDUMBRE
(GRAFFITIS)

Mis padres una vez tuvieron la razón
Se conocieron en una plaza abarrotada cantando a coro
Se amaron en un mar de diez literas acalladas por la voz
    de «silencio»
Me trajeron al mundo en un salón de camas ordenadas
    en emociones compartidas
Nadamos en playas atestadas de bañistas confundidos
    por trajes idénticos y camiones colectivos
Los sábados en la noche vimos las mismas películas
llorando a la par de un país subtitulado en blanco y negro
Los domingos nos dijimos adiós
confusos en el azul   uniformado que nos separó
Mis padres   cuando por fin se quedaron solos
Perdieron la razón.

LA MEMORIA Y EL POLVO

Para mami: Albis Torres

Tu tiempo es ahora una mariposa,
navecita blanca, delgada, nerviosa.

S. R.

Humano el gesto de una mariposa perdida
aleteando en el sollozo epistolar de lo que empieza
borrando la tinta del cuaderno enloquecido
diciendo mentiras sobre la prolongación del viento
y dibujando la calma con la espera de la brisa
Un halo de verano vino ahogando la arrogancia
y en el dolor que recuerda la agonía
vuela violácea y extraña
Como si fuera invisible su estado de grávida belleza
cae desnuda ante mis pies   ausente de rubor
Mientras recobro el polvo de sus libros
ella me olvida y escapa
entre sus alas
la memoria.

NOTICIAS DE LA REINA

No me puedes ver
No te puedo escuchar ni tocarte
No puedes moverte de tu centro pero te trasladan mis
    deseos
Estás atrapado entre el deber y mis súplicas
Soy Juana la Loca y retozo en el fuego de mis entelequias
Corro por el castillo haciendo honor a tu nombre
Pelo suelto y mundo expuesto sin saber   sin conocer
    dónde te esconden
Quién soy   por qué te busco para desnudarme mientras
    me arrepiento.
A qué estados me transportas   con los ojos vendados
Qué razones me llevan a morir en silencio por tu honor.

LA VEDA DEL MANATÍ

Fuimos flotando sobre el atardecer dorado
deslizando la punta del mantel sobre la playa
enterramos algunas pertenencias y nacimos
contando los dineros como pobres

La sal fue esparcida como nieve
y el azúcar derramado en los diarios
El anillo de bodas se perdió sobre el suelo
y descubrí al manatí sobre la arena
exótica revelación que mi cuerpo adivinaba
Inventaba al manatí como un milagro
Trocar anillos por ideas
dinero por fantasmas
antiguas pertenencias salvadas del peligro
hasta llegar a la escala de lo vivo
Planeé nadar distancias largas
dejar la orilla y devolver mi herencia al fondo
    acompasado

Un manatí me aguanta desde el fondo
destruye el batiscafo para no pensar

Te espero curando mis rodillas deshechas por los peces
y la cabeza robada por la veda

Un manatí se ahoga entre mis piernas

Soy guardiana de un zoo húmedo y deshecho
no puedo dejar morir al manatí
En él la gravedad y el sexo
en mí la ingravidez y los hechizos
Sólo un rastro en equilibrio con mi nombre
una ofrenda sobre el atardecer dormido
un rezo triste
una mentira flotando en el dorado
he devuelto la joya
he regalado un paraguas de marfil
he regresado a la playa
no me toques   es peligroso
estoy en veda
he resuelto ser sólo un manatí dormido.

PALABRA DE ESQUIMAL

Por ti dejaré la nieve y esquiaré en la arena
no escribiré grafittis sobre el hielo
tendré acento de occidente y ropas de verano
mis dientes no ablandarán otra piel que la tuya
mi olor se diluye en tu lavanda limpia
así como el esturión pierde el caviar perderé mi nombre
olvidaré el rito del iglú la mujer y la presa
miraré el deshielo como agua de mi sexo
no regalaré al extraño lo que es tuyo al final de la noche
quedaré en tu cama toreando al fuego
borraré de mi boca el cebo y el pescado
dejaré en libertad los perros del trineo
intentaré olvidar el exilio del hielo
invernaremos juntos mientras duela el invierno
sobre el confín del iceberg   viajando en la isla blanca
sobreviven   una lágrima helada de mi madre
y el murmullo suplicante de tu padre
tal vez la amnesia sea lo mejor
aunque todo parezca cosa de otro mundo
cazaremos juntos
palabra de esquimal.

VÉRTIGO SOBRE EL NIÁGARA

No es la primera vez que enderezo Pisa   la altiva torre
    falsamente inclinada
ella pretende ahogarme y no me lo permito
Recupero el aliento y la hago recta
Con mi punto de mira la centro al interior del cuerpo
    Caperuza de fe que me resguarda
Aún conservo intacta esa estructura   somos las mismas
    torres que declinan
Si te acuestas en la hierba húmeda nos verás seductoras
    cimbrear en las fotos movidas
Es semana santa   todos corren en bicicletas doradas sobre
    mi espalda
pedalean y cantan en mi auxilio
Salvan a la niña violeta del peligro gris metal   gris cruel
    gris borrón inexplorado
Quiero conocer el mundo antes de conocer mis hijos
Ignoro si las evaporaciones sobre el Niágara sean
    apropiadas para una mujer con vértigo
El Niágara es   cuando menos un precipicio profético
Pisa vuelve a su sitio   Me obedece
Su columna vertebral integra mi equilibrio

El vértigo es un ejercicio inigualable para volver al
    centro.
El Niágara la cita del viajero que extraña las palmas
    rectas sus torres
sus abismos estrellados tan altos e imposibles.

ROPA INTERIOR

Dejamos sobre las duchas de los hombres nuestros cuerpos
bien amarrados a la tubería solar
Marcamos territorio como animales en celo
con las trusas saturadas de arena y el olor sideral que los
    aísla
En los baños quedan restos del sexo que les hicimos ayer
agua de flores y velas de vainilla derramada
Lágrimas rotas en el encaje profano de la madrugada
He perdido mis aretes disueltos en el jabón de una lujuria
    breve
y las cremas señor untan tus sábanas   como veneno de
    diosas argentadas
Mira cómo arrebatamos la libertad de sus mentes
Abrimos la culpa en el paraguas dilatado de la tarde
Regresamos con sus hijos ocultándole el verdadero
    apellido de sus genes
En ropa interior leemos nuestras páginas persiguiendo
    sólo su deseo
cada línea de arroz es un gemido
Puedo esconderme en mis sombreros   sin ser descubierta
¿Adivinan?

Un sayo y un escudo que esquive los golpes del amor
Hay algo más debajo del sombrero   te lo juro
Armo el rompecabezas de las palabras sobre la cama
un plano blanco para patinar desnudos   ropa interior
    negra sin dolor
y aunque lo diga todo   no llega transparente a tus sentidos
No lo entiendes   Tendrías que aprender a desnudarme
Dejamos la antropología de un asentamiento grave
un asentamiento cercano a esta cultura débil   sexo
    fuerte   inseguro   desterrado
Leo las líneas que subraya el editor pero no fumo
no alivio mi ansiedad   y ya no puedo olvidar lo que he
    vivido
Tu baño aún conserva mis pociones   mis esencias   mi
    estela   mi estampida
guardo un tren   un alcatraz   una libélula
y la foto de espaldas que me hicieron dormida
No soy encaje   ni concha ni malvada
no es sólo lo que ves   porque me he ido
Mis ideas son más que las espaldas profundas que ves en
    el museo
Soy mi texto y lo que trato de ocultar en el peligro de la
    supervivencia
ropa interior en frasco de otro baño   otra humedad
    mucho frío
Los abrigos no existen   se regalan a otra mujer que fui
    en el ritual ajeno
no hay nieve en el país y aunque rompa a llorar
    eternamente
Sólo en ropa   interior logro salvarme
Dejo mis textos en tu casa pero hay más
más frívolo y profundo más pagano
Escribo en los espejos y te encuentras

nadando en este olvido de artificio
Tus ojos curioseando en la cartera
buceando en el pasado como un niño
Sólo ves:
las fotos de la infancia con mi madre.

ROMPIENDO LIBÉLULAS DE CRISTAL

Puse tu libélula rota al fondo de mi maleta vacía
Luego mantas y medias para este frío absurdo en prima-
   vera
Ya sé que me leen los Diarios   pero los llevo conmigo
   escribo de memoria
Clavan las manos en mi ropa interior como tocado mi
   sexo violan mi palabra   la silencian
Como rompiendo libélulas   revisan las prendas
   revuelcan mi pasado
No pasas   ni entras   ni sales a tu casa   hola y adiós   ya
   tu casa no lo es
Pido permiso para sacar mi cuerpo desnudo en los
   dibujos   soy yo sobre papel
El vidrio de mis lágrimas   Cuba debajo de la saya
Dudas a contraluz   rompiendo   alas de libélulas
   despojadas
Sobrepeso de ideas   ocultas pertenencias que no quiero
   declarar sin el alma   me aterra
Los libros de los muertos que me llevo para sobrevivir
Los vivos que yo extraño cuando leo sus manos sobre el
   papel mojado.

Originales anclas algas discos negros que me hacen
emerger del sentimiento ahogado
Al fondo de las cosas unos mangos pintones de
contrabando olorosos delatores
Arena de Santa María y una virgen que ampara llegar
flotando sin dolor
Aleteando esta libélula rota esta cubana despeinada
intenta meter su isla en el mundo el viaje roto
interminable en la maleta sin fondo.

KAOS SE ESCRIBE CON K

Luego de drogarnos es la luna
después del hambre en la fuga
entonces la epilepsia y el rubor
la venganza de la muerte con el lujo
neurótica torre infinita que me arrastra
pagas mis pasos y mis textos
compras mis lentes y mis joyas
Kaóticamente ocultistas nuestros nudos
el barco queda en equilibrio
con la noche
si los tres nadamos sobre mi vestido
quién desnuda a quién
aún los remos buscan a flote el mapa sioux
sigues estando en la misma litera sucia
mientras no hallo la bandera sobre el pasto
Tú cuentas los diamantes del MoMa
pero es la misma maldita litera vertical
no hemos salido de las cúpulas
la escuela nos susurra la lujuria
mientras el Kaos nos persigue
las vacas lloran

Mar- porción de agua colorida y grave
Tina- sitio enorme para sumergirse
Martina ha dejado algo para ti
En la nieve hay un nido en el nido hay un huevo
en el huevo hay un pájaro en el pájaro una lombriz
en la lombriz una aguja en la aguja te dejo el cielo
Tu nombre en todas partes
me persigue
tendiendo a la inestable tempestad
te dejo mis huesos sobre el barco
y me alejo en la regata del dolor
mirando
como Cuba se parece al garabato
Kaos se escribe con K.

LA ACTRIZ

Estoy mintiendo
Todo está en mi cabeza y me lo invento
Vivo en el retablo de un país que posa para el mundo
Un país que posa y se lamenta
Un país que piensa en latín y se expresa en ruidos
    bromas   deseo
Tú lanzaste la jabalina que sobrevuela mi estatura
Ella y yo viajamos en países aparte a la historia oficial
Nunca podrás reconocer los ojos negros que ya olvidas
Demasiada obsesión por el jugador de Water Polo
Intento olvidar que existe la piscina de Hockner
Estoy mintiendo
Actúo mientras escribo
Miro a los fotógrafos que están de paso
Sonrío y ya estoy en la historia
la foto en blanco y negro de lo que hemos sido
Aquí me tienes
Mintiendo mientras te espero.

NIÑA MALA

No leen mis versos sólo miran mis sombreros y
    comienzan a rumiar.
Pierdo el antifaz de raso sobre los aviones   deseo   deseo
    deseo   deseo
Quiero verme desnuda ante la muerte
Sólo mis ojos dibujan tranquilamente el pánico de ser
Un sombrero viajando solo entre trescientos cincuenta
    pasajeros aterrados
Orino sobre sus computadoras   y ellos lo ignoran
humedad luminaria que nace entre mis olores divinos
He descubierto que no han leído mis versos
he descubierto por fin   la nada
No conocen mi palabra como tampoco conocen mis
    interiores negros
Es la palabra un cauce terrible hasta el misterio
Como la duda que trae la estela imaginaria del perdón
Sobre una lágrima violada   por fin aterrizamos
Ha bastado la frívola opinión de los sombreros   para
    matar al rey desnudo
Pero en La Habana estoy expuesta   como una momia
    adolescente

Como un diamante diluido en vino tinto
Como un cuadro robado y robado en la inocencia de una
   niña mala.

IDEAS PARA SILUETAS

Ana Mendieta

«Hecha de clavos
cantidad de clavos
con vidrios- pedacitos de vidrio blanco
o con espejos rotos»
con todo lo que duela o calme
en lo que refracte ese dolor
que me regrese a mí sin miedo
hecha de materiales fugaces
uniendo revirtiendo ese dolor
desarraigo y escape
en el placer que asienta limpio
y te deje en el lugar anterior
a la fuga
inserción proyectada en la tierra prometida
una idea mejor
hecha a mano de clavo y vidrio
exorcizada por fin
de mí.

APÓCRIFO FINAL DE ANA MENDIETA

> Me he lanzado dentro de los elementos
> mismos que me produjeron, usando la tie-
> rra como mi lienzo y mi alma como mis he-
> rramientas.
>
> A. M.

En breve   él me asomará al balcón para obligarme a ver
    el mundo
Pruebo la cruel transparencia del violeta   oculta en su
    vértigo profundo
La vida real   el dolor de los otros desde arriba huele a
    calle empapada
Sal de la tierra, saca a Cuba de ti o entiérrate del todo
Si rompo los cristales de este acuario el peso matará mi
    espíritu extraviado
Mi mal   mi miedo y la paz de esta armonía   pueden
    dejarme impune.
El cielo por fin ¿En realidad he sido bella?
No van a engañarme hacia el final   sería tan cruel
    mentir a estas alturas

Lo que esperan de mí tendrá lugar justo en el aire
Referencias para otro lenguaje
Referencias para una vida sin alivio
Sábanas   sangre y un deseo común
Jugar como las niñas actuando con la muerte
Saldré volando de su mano se acabarán sus fuerzas   su
    paciencia   su calma   su estadio
en la precisa nota que nos guarda
Me forzará a elevarme en lo que pesa
Nada hay que sostenga este puente secreto Habana-New
    York
Que me contenga en el aire si él me arroja
Tocata y fuga en   No   con un sonido seco
Al suelo en estampida   sin cambios en el desplome del
    dibujo
Mis ropas gimen componiendo la rota noche de unas alas

Alas de gallina blanca   desgarradas para la iniciación de
    mi adiós
Una trémula luz   un raro alumbramiento   réquiem de
    nadie
Y aun si él no pensara en empujarme
Puedo lanzarme yo
Tendría el tiempo perfecto para ver en el aire lo que quiero
Como una intervención en el vacío
La foto y una muda reconstrucción de ciertos
    sentimientos.

POSIBLES SEMEJANZAS

Estoy ante la cara del esclavo negro   óleo sobre tela
Velázquez la ha retratado para mí   siglos atrás tan sólo
    para mí   expresamente
He comprendido que no hace falta comprar algo para
    tenerlo del todo
Tengo la clara   sensación de que soy y he sido tu
    esclava todos estos años
He sido esa huella fuerte que no deja de servirte
de bajar la cabeza y aplanar sus cascos ante ti
aplaudiéndote desde el estrado   obediente
Soy ese caballo dócil que guarda agua para los desiertos
que no se queja ni murmura por miedo
ese animal celoso de perder el seguro camino de una celda
    insípida
Estoy ante el frío e iluminado acto museográfico
de un original que nos padece
No siento más que el barniz de esta era
porque soy ese esclavo y lo conservo todo
Nunca dejaré de serlo aunque pasen los siglos
Aunque huya espantada en la tormenta
aunque deje el Metropolitan y baje sus escaleras

estoy atrapada en las semejanzas
No pienses que retornar es liberarte   No
Retornar es peor   es quedar presa en aquellas posibles
    terribles
y negras semejanzas.

MAPA DEL METRO

Ésta es la línea que tienes que tomar para hallarlo
en ésta tienes que regresar para volver a mí
no confundir las líneas   por favor
el blanco es blanco y el rojo es rojo
bordeando las plazas antiguas llegas a mí
pisando los museos y los cafés lo encontrarás a él
Toma todo lo que te dé   menos veneno
no le digas jamás lo que has sentido
la palabra exilio está prohibida
no seas lunática   no te desnudes
no dejes que te fotografíe para la nostalgia
no le hables de La Habana   no lo cures
no cantes nada que pueda recordar ese sonido
no regales tu libro   no le enseñes su verso
no lo escuches hablar   no lo recuerdes
no te lleves su nombre en el diario
sólo busca el mapa y baja a mí
despídete por fin de sus secuelas
Terminen de una vez este silencio.

PROMENADE POR EL MUSEO PERSONAL

Cuando abandono, cuando parto, cuando dejo me dejo
    ir a mí misma
para siempre
un trozo de mi pelo queda sujeto al pasado
prendido en los alambres de un campo minado
me aíslo y me castigo
sangre en los espejos trenza de pesadillas y misterios
    violentos, violados.
cristales que me hacen huir desesperada, clavando en mis
    pies el daño
para siempre
un hombre me acecha entre sus gritos mientras pido de
    rodillas el plano del hogar
perdido
enclaustrado en nombres que voy reconociendo
azul de metileno, pueblos de naranja, purga y dolor de
    los dolores
cuál fue el hogar primero de los golpes, hubo un hogar,
    hubo un reposo para este pavor profundo
cuando abandono quedan gavetas con arena
polvillo de mariposa vencida sobre la cama

oro sobre mis manos
vacío entre mis ojos
de parihuela en parihuela intentando llegar a ningún lado
fiebre sobre el cuerpo de una reina que va a ser
    cremada porque expuesta
causa pena.

LA ORGÍA DEL VIENTO

Contienes el viento
Mueves todo el sentido extraño de las palabras
y los cuadros

No estoy hecha para entender
Siento y eso duele
Bajo mis piernas emergen barcos fondeados

Miro cómo un cleptómano toca el oro húmedo
con guantes de seda fría me entumece
Juego de manos y piernas extrañas
Mientras roba entre los dos   yo te degusto
Contienes luz y vino tinto
Sudo en la experiencia de un invierno de fuego

Cambio hacia otro hombre   otro y otro que juega con
    mis sayas
Es el viento   el viento   transparencia y olor
blancas letras dispersas en la amoralidad del deseo.

Trío de Jazz:

TROMPETA

La sordina amaina   Calmando esta neurosis poco a
    poco
Sus labios son higos que estrujan la boquilla
Mientras la ciudad es un diamante ahogado en vino tinto
La trompeta padece lo que mi cuerpo siente
Es muy tarde ya y se queja de   todos los que duermen
Están a salvo del dolor agudo
No puedo sostenerme sobre la noche sin llorar
La trompeta suena a lo perdido
Eso que antes no sabías aún estabas esperando.

BAJO

Piso las alfombras del club aplastando aquel sonido hondo
Bajo   bajo   bajo
Mis ropas en pizzicato se lastiman   distienden al final
    del día
Como ligas tensas se revientan sin más, vencidas
Me libero de todo   aun cuando marca la cadencia de esta
    hora
Tocas las fibras de mi estómago con gravedad
Ya debo rendirme en la profundidad de los sonidos
Una hora argentada húmeda y taciturna es lo que
    queda
Donde se toca   en clave bien temperada   se dice lo más
    grave
Underground   iracundo y ladino
Juega sucio conmigo ese instrumento

Toca lo rancio que hay en mí y el sonido maderable me
  enajena.

PIANO

De Rusia
De Viena
De los   montes Cárpatos
De qué sitio remoto viene George Sand huyendo en su
  caballo
Perseguida por dos pianistas locos   deshechos en sus
    libros   Desatados
Ella escapa pero el sonido flota   la hostiga en su obsesión
Un elefante fue sacrificado en nombre del marfil que el
    dedo roza
Blanco ordenamiento que sugieren tus manos en contraste
    con el ébano
De dónde viene el sonido en los salones abarrotados
Quién renunció a su chal de terciopelo rojo por tristeza
Abandonando esta desolación ancestral que se desata   en
    fuga
Justo cuando el piano tensa las cuerdas   gime yo me
    rindo
Qué puedo hacer por consolarlo   Nada

Enorme   antediluviano   inamovible   inspirado y bello
De Nigeria
De Abisinia
Del Senegal
De dónde viene este eco que me aterra   tan raro.

EL PRÍNCIPE Y EL MENDIGO

Han pasado los años y ningún esfuerzo ha hecho
    desvariar a esta criatura extraña
Una fuerza secreta me levantó del fango a las perlas no
    se las tragó el pantano
Y cuando pensé que el reino no llegaría a mis manos
cuando la noche se cerró a mis húmedos pies de nácar y
    llagas transparentes
un ratón escapó de mi abrigo roto
Una moneda en mi sobrero cambió la limosna en
    bendición
y el mendigo curó al príncipe de ese vértigo despiadado
    de palacio
y el príncipe curó al mendigo de orfandad rescatándolo
    del frío portal desabrigado
Han pasado los años   lo sé   qué maravilla
El príncipe y el mendigo somos los mismos
Tenemos el mismo sayo de mujer y no poseemos más
    poder que este deseo
que este fuego particular que nos funde y nos hace hem-
    bra y varón al mismo tiempo
Ya lo he sabido
El poder y el dolor tienen ojos y piernas de mujer.

EL AÑO QUE NIEVE

Para la prima Olga

De un mundo que vivimos de una leja-
nía transparente, de ahí que su autoconcien-
cia sea también imprecisa...

Emilio Ichikawa

Intento arreglar el rompecabezas de una inconforme
no quiero marchar   y sin embargo bailo
uniformada de mi propio luto espero
mucho más de mis héroes que de mí
Entre las medias de lana   el Che
la foto que recuerda al novio de todas mis amigas
Ha sido imposible comenzar de nuevo aunque te escapes
la estrella solitaria cuelga de tu ojo con una lágrima
de vidrio blindado   llora.
Las ganas de viajar serán feroces   pero volver es imposible
el agua te separa de lo próximo   te aplaza y te contiene

Ahora la distancia te hace singular y extraña
Intentas ser una más que se pierde en Navidad
La ciudad te traga entre los perros
Los dinosaurios de las pesadillas te abandonan
Regresarás cuando la nieve caiga en lo imposible
Una lluvia helada sobre San Lázaro y Zanja
Virtudes y Villegas
Aguacate y Empedrado
Jovellar y Marina
Una lluvia blanca nos separa
Y es la nieve.

AEROPUERTO

Quizá sólo vine para decirte adiós
Para justificarme por el París perdido allá tan lejos
No pude entender aquel viaje en que sollocé
por mi propia ausencia todo el tiempo
Vine a lamentar todo lo que faltaría por sentir
cuando me fuera
Aparecí como un pájaro lanzando aletazos contra el
    vidrio
Así me sostuve defendiéndome del vacío todo el tiempo
    diciéndote adiós
Hola y adiós en estampida
Apresando el cordón umbilical que nos ligaba con mi
    sexo
Dejando mi amor como cuentas desperdiciadas por tus
    ojos
yo sólo vine a despedirme   Amenazaba
Sólo vine a mirar cómo yo misma te decía adiós
No pude salir de lo que presentía   no supe bajarme sin
    pasado
Encerrada en la poca longitud del tiempo juntos   me
    perdí

Soy de esa raza que deja de vivir sólo de pensar lo que nos
    queda
Fui una muchacha con maletas y boina roja
Una lágrima helada en mi esplendor y mucho miedo
Mírame   No tuve tiempo de decirte lo que venía en
    realidad a decir
Sólo fui la persona que viste entre los pasajeros
    desgarrada
Diciéndote adiós   apresada entre los vidrios y su llanto.

DESDE POMPEYA

Te hice el amor de espaldas boca abajo
metida en la fuente del volcán dorado en el escorzo
Me abrí la blusa y te ofrecí los higos con mi boca
mis piernas en tu cuello y mi sexo grabado sobre el texto
cenizas en el pelo sustancias derramadas sobre el fuego
la isla arde y quedo presa
Menos mal que te hice el amor de espaldas boca abajo
y que dormí en tu fuente de volcán dorado y que los
     higos
te los di en la boca
porque de Pompeya nunca fue fácil escapar.

LEJANA COMO CUBA

Desabrigada y ajena entre las palmas
En diatriba con las cosas más simples
Incomprensible y sola   mil veces sola   en medio de ese
    mar de gente ahogándose de ganas
Lejana y obstinada como ella   con ansias de correr a que
    la abraces
desnuda y apartada
De espaldas a tu ausencia
Recobrándote en el paraíso de tu lino blanco
Bandera blanca mi amor   bandera blanca
Corriendo para no chocar contigo y tropezarte en el
    mapa de tus ojos   de mi cuerpo
Lejana como Cuba   Sin concilio
Entre las olas que me hacen pequeña y argentada
Con el viento en contra a toda vela   resistida a llorar
Buscando el nombramiento de un testigo   un peregrino
    un soberano
Una criatura en mi interior que se defiende
Lejana como Cuba
Isla libre vertida entre tus piernas
Cernida en los milagros que no esperas

El último reducto de la ausencia
Lejana como ella   Aproximándose a tu salvación
Breve al norte voluptuosa al sur
Dormida sin tu nombre   Perseguida
Con la brújula al polo y las alas atentas a tus pies
Esperando por ti   con todos mis arraigos de tierra y luz
Sin esa lágrima que te duele y te despide
Aquí me tienes
Lejana como Cuba.

CURADORÍA

Soy una buena obra
Quizás la mejor de toda su colección
Pero tan efímera que el MOMA no puede conservarme.

SALMO VERTICAL

Hebra de mí
hilo delgado
sin compromisos   sin ataduras   que no moleste   ni que
     te toque
sin intenciones   sin acentos   sin miedo   sin irrumpir en
los milagros

Hebra de agua
hebra del cielo
llévame a él
mapa
de
hielo

Hebra de todo
hebra de mí
haz que lo vea
hazlo por ti.

DE RODILLAS

«Mayeya, / no quiero que me engañes,
/ respeta los collares, / no juegues con los
santos. // No pretendas engañarme con ese
cuento, / porque todos en Cubita nos cono-
cemos»... «El que no lleva amarillo, se tapa
con azul»... «Venga oribaba... // Delante de
los santos no debes jugar»...

IGNACIO PIÑEIRO

Jugando con cabezas no se eleva tu alma
Todo es público y sospechoso
La nigromancia y el rumor terminan
Sólo sugiere amenazante la mancillada fe
Tributando órdenes oscuras
Juzgando sin cumplir los mandamientos
Prediciendo infortunios como Pedro y el lobo
Es bueno para el alma ofrendar   ofrendar discretos y
      apartados
Entregando plegarias a Dios y a cambio

De rodillas
Ni monedas   ni fama   ni amarres imposibles
Mientras traicionas y maquillas a los santos
Mientras traficas con deidades
Tu cuerpo envejece y el espíritu escapa   salta la mancha
    de tu deslealtad
De rodillas   un poco más tarde en los rituales
Bajo los velos
Bajo las sayas
Bajo la vergüenza
Jugando con cabezas ajenas
¿Encuentras el perdón?

EXCESO DE EQUIPAJE

Si me dejaran llevar todo lo que extraño
si me dejaran cargar la isla y el milagro
no tendría adónde regresar
no volvería a mí
ni a tus recuerdos.

ARCHIVOS CONSULTADOS

He hallado mi foto en la crónica social del diecinueve
la máquina va amarrada a mi pecho   llueve duro
allí mi memoria en cristal líquido aprisionando otros
    recuerdos
archivos desérticos que explican
por qué te amo de un modo   de este modo equívoco y
    despiadado
como si las cartas tardaran seis meses en traer consuelo
    y noticias de ti
En un vapor con nombre mediterráneo   llegas
con la taquigrafía de una clave absurda te pido que regreses
escribo arropada loca sin fumar sin drogarme sin drama
en la propuesta de un matrimonio roto   como   la copa
    de alabastro
que no compramos   por no tener jamás ese apartamento
    juntos
vacío   listo para amueblar
Ahora que es el veintiuno no hallo tus ojos en mi abrigo
no aparezco en los archivos consultados
y por más que busque en los diarios   si no estás Anaïs
    no existo.

SIN SALVACIÓN

Nada te salva del amor
Ni el peregrinar por las ciudades interiores
Ni las dotes para la oración
Ni la intuición
Ni una infancia fuerte
Ni la magia de la subjetividad
Ni lo excepcional de un camino distinto ante tus pies
Ni el legado de las impresiones
Ni las cartas de los amigos predicándome su fe en el
    poderío de la mente
Nada te salva del amor   De lo que siento
Ni las filosofías más fuertes con sus drogas sanas
Ni las puertas bien cerradas en un apellido ajeno
Ni pestillos o llaves   cerraduras victorianas   cinturones
    de castidad   ni mi cuerpo
Ni el jardín que lleva al agua resbaladiza de las algas
Ni el medioevo   ni el mundo que me toca por nacer en
    los setentas
Nada salva del amor   mira que busco
Ni el vacío de un árbol genealógico en el otoño
    desprendido de la tarde

Ni las ropas que abandoné sin tener miedo
Ni mis ojos negros retocados
Ni mi pelo en los cuadros cerrados en los museos del
    hombre
Ni crecer ni reír ni hacerlo y deshacerlo sobre la cama
    como una criatura imaginaria
Nada me salva del amor
No hay control posible para eso no existe la piedad
No hay salvavidas que vigile atento en mi interior
Aunque lea en el periódico de hoy la mejor noticia de
    mi vida
Saldré a contárselo como una niña perdida pediré ayuda
    para ser creer ser el deseo
Porque nada salva ni siquiera el amor.

CÁBALA DEL DESECHO

Una taza de vidrio
un prisma
un alcatraz
una foto de Praga
una taza de arroz
el sabor de los higos emergiendo del vino
un equilibrio extraño entre dulce y amargo
soy la hija y la hermana demoliendo anteojos
envuelta en el fulgor de una cocción muy lenta
sin saber del invierno me desnudo y te cuento
apio sobre el aceite
veneno sobre el calor
sal
aeropuertos
leche en biberón
aplausos grabados
revuelva lentamente en sus delirios
una mujer   una carta sin nombre
un regalo de Zaire
un avión olvidado en el dibujo frío
un plato del demonio
un nexo inexplicable entre el nido y la vida.

TOUCHE

Nadie pudo tocar allí
como quien rompe la nuez
Como cuartear la vida y regresar
Nadie pudo tocar allí bucear con esa intimidad con que
    me pruebas
Somos consanguíneos   una dilatación de este toque
    secreto
Nadie pudo hasta ti saber la clave de mi sexo
Tú recuerdas cuál es mi país
Llego a tu espalda desde mi alumbramiento
Tienes un toque secreto y cuando te desnudas
siento el mismo toque santo de tu cuerpo
repiquetear en mi cintura amordazada
Nadie puede arrancarnos
Estamos allá arriba
delirando
y New York allá afuera
esperando.

CUCHILLA AL VIENTO

Siempre
llega
alguien
y me rompe
el pantalón que más amo
Siempre es él   el mismo   con su cuchilla al viento
     lacerando este cuerpo
con el filo de mi propio miedo.

VIVIR EN LA RADIO

La música amanece en el té lleno de hormigas
Mi madre corta la verdad con la tijera con mucho oficio
afila su lengua mientras me informa sobre lo prohibido
Me citan a un café   con mensajes cifrados por la radio
Hay una lista de amigos que no se pueden escuchar
Y yo los tarareo por un pasillo negro que no conduce a
     nada
Amanece en la radio   afuera llueve o hace frío
Mueren los héroes de la radio
Mueren en el anónimo de sus voces perdidas
Un efecto
Un eco démodé y siniestro que aún me da pavor
Una mentira en el aire de la frecuencia modulada
Tanta lágrima y tanto dolor   tanta risa y tanto nervio
Para que luego todo se lo lleve el viento.

DE CÓMO LOS RUSOS SE FUERON DESPIDIENDO

Ellos nunca se integraron
nos hablaban y nosotros contestábamos bailando
ellos nunca fueron parte
andaban visibles como su olor
ocultos como sus submarinos
no sé adónde puedo dirigirles esta carta
recuerdo que enseñé a mis amigos de Moscú a fajarse sin
    llorar
pero ellos nunca se integraron   quizás fuera el calor o las
    películas
poco a poco se fueron despidiendo y
KONIEC.*

* Fin en ruso.

DÉCLASSÉE

No puedo ser igual que tú
Mi plato de comida era distinto al de los primos
Morfológicamente disperso esencial como la novel
    cocine
Mis gestos de adulta delataban lo que llegaría a ser
Sola en los apartamentos leyendo mientras las bicicletas
    eran ajenas
y las muñecas tan frías como comprarse un hijo
No puedo ser como me pides No fue mamá y el papá
    era la inopia
Yo pertenecía a un mundo extraoficial no estaba en es-
    tadísticas ni en castas
No tenía un apellido público
No recuerdo un solo pastel de cumpleaños habitado por
    una sola luz
Mi madre era la diatriba entre familias
Un escudo rebelde en la armonía de sus manos de
    arcángel
Ella preguntaba a las barajas que enmudecían ante el
    extrañamiento
Nuevamente no me dejan pasar a la próxima familia

Nuevamente no le está permitido a una extraña vivir
    entre tantos viejos   antiguos conocidos
La realeza no es sitio ideal para esta niña rara
Je suis déclassée   c'est la vie
Y así me irán admitiendo   como puedan
Yo me defiendo y me pongo la armadura que proteja este
    dolor
La oveja negra en la sala de conciertos habitada de
    blancos animales
No me pidas que crea en ustedes   esto soy yo
Admitir no es aceptar   nunca lo olvides.

MAR DE LÁGRIMAS

Estoy bien
«entre el mar y la pared» arrodillada entre cristales
pisando mis pertenencias evacuando guardando el alma
    a toda costa
no puedo rezar más y ahogo pianos en la orilla
tratando de llegar   tratando de inventar otra posible
    geografía
los sollozos sustituyen el silencio insular de los ciclones
el mutismo va siendo el único pecado visible   llueve gris
    Juan Gris
quedar callados entre zumbidos de silencio no no no
    no no no
años de miedo dolor despedidas, desprendimientos en
    si doble bemol
tecla a tecla hundimos las ventajas de un milagro
    sostenido
si seguimos llorando así aumentará el mar y la distancia
    será peor
profunda
insalvable
endémica   apagada

no hay que tirar más perlas al mar
duele   aumenta la anchura
le hacemos el favor a esta latitud desesperada
una lluvia de lágrimas desprende y aísla
cada parte del cuerpo humedecida hace llorar
Estoy bien
Tiritando entre cristales nadando en este Mar de lágrimas.

LITERAS

Mira que tratamos de alejarnos
Hasta el punto de ensayar volvernos enemigos
Mira   que ganamos   premios   dinero y espacios en
    museos tan distantes
Mira que me llamas del otro lado del mundo para llorar
    o reírte de mis miedos
Mira que pasa el tiempo y me visto y desvisto sin
    descubrir los años
La escuela ha sido restaurada y los nuevos rostros se
    confunden a mi paso
Qué inútiles los viajes
Qué estúpido alejarse
Qué agónico este extraño pensamiento de borrar
Todos seguimos durmiendo en las literas sucias
Tú arriba y yo abajo   Eternamente
Haciendo el amor   Comiendo   Defendiéndonos de todo
Desmitificando lo canónico y clásico
Pasando los inviernos como un largo catarro acumulado
Temblando por las notas que la vida nos dará
Mira que estamos lejos pero sigo
Pidiéndote que bajes esa radio WQAM

Que no te muevas tanto
Que me dejes tranquila   sin la excesiva   promiscuidad
    que nos ha unido
Dormida en el edificio vertical que nos mantiene Becados
Conectados
Agrupados
Citados
Señalados
Extrañándote tanto
Dormida en la litera   sinceramente tuya me despido
    de ti.

LO PEOR DEL INCESTO

No temas ser mi padre
Transparenta tu rubor y deja vernos en ese gesto idéntico
No tiembles ante el lado masculino que poseo culpable
    que me emplaza arriesgada
Ábrete y trasluce las fantasías de mi herencia   sin asco
Abandóname a escarbar buscándome en tus sobras
Tus limosnas en mi espalda tatuada
Algunos errores sin consecuencias públicas
No busques en el pasado de las cosas y deja ya entrar la
    luz sobre mi frente
No temas ser mi padre   no frenes el deseo ante el lazo
    natural que nos aísla
Somos únicos   ajenos   desconocidos   no te culpes
Peor es la orfandad de estar a oscuras
Tratando de encontrarte en mis dibujos
O en las fotos desnudas que me dejo hacer por los ex-
    traños
No soy el juez   ni el enemigo
Yo soy la hija.

Índice

OTROS TÍTULOS DE LA COLECCIÓN

CASA DE LUCIÉRNAGAS

Mario Campaña

Respecto a este libro, que recoge poemas de 34 poetas de México, Guatemala, Cuba, Venezuela, Colombia, Ecuador, Perú, Chile, Argentina, Uruguay y Bolivia, el prestigioso crítico Américo Ferrari escribe: «*Casa de luciérnagas*, de Mario Campaña, constituye sin duda alguna una de las mejores antologías de poesía en lengua castellana que nos haya sido dado leer; con una particularidad: los poemas son de poetas contemporáneas; y resulta impresionante confrontarse con toda esta riqueza lírica aportada a la lengua castellana y a la historia de la poesía por las poetas de nuestra América, desde México al norte hasta Argentina al sur: todo un mundo. Las poetas, antes poetisas, después mujeres poetas y ahora, felizmente, poetas a secas, están clasificadas por la fecha de nacimiento, desde México hasta Argentina, lo que es normal. No hay preeminencias nacionales en poesía, gracias a Dios, y al fin y al cabo lo que cuenta es el valor de cada obra poética nacida de un poeta aunque éste sea anónimo. Todas las poetas presentes en el libro son realmente importantes y el mejor homenaje que el poeta Mario Campaña podía rendirles es presentarlas al lector en esta antología. Antología o "ramillete de flores", que es el sentido de la palabra griega. Las flores que nacen una tras otra en el jardín de la poesía.»

LA VISITA

Ana Becciu

El presente volumen reúne el último poemario de Ana Becciu, titulado *La visita*, y los anteriormente publicados por la autora (*Como quien acecha, Por ocuparse de ausencias* y *Ronda de noche*), de modo que compila toda su poesía escrita hasta hoy.

Aunque poeta no muy prolífica hasta la fecha, Ana Becciu es autora de culto entre los círculos literarios más exigentes. «En las palabras de Becciu —escribe Alberto Manguel—, el amor acecha, se ocupa de ausencias, ronda de noche y, como nos dice el título de su último libro, *La visita*, cumple con su inquietante rol de visitante nocturno.»

ÚLTIMA SANGRE

FÉLIX DE AZÚA

Última sangre. (Poesía 1968-2007), con prólogo de Pere Gimferrer, reúne la obra poética de Félix de Azúa escrita hasta hoy. A títulos míticos como *Cepo para nutria*, *El velo en el rostro de Agamenón*, *Lengua de cal* y *Farra*, no reeditados desde hace años, se añaden ahora composiciones recientes completamente inéditas, que se suman a la voz única y singular del poeta que, a finales de los años sesenta, deslumbró al lector por «la coexistencia del esplendor léxico e imagen, la riqueza y variedad de datos sobreentendidos y un humor que no era nunca mera parodia, sino una forma más de palimpsesto», como escribe en el prólogo Pere Gimferrer, quien, entre otras reflexiones, añade: «Dos cosas, en esta poesía, deben retener nuestra atención: la belleza y la ironía. Por medios oblicuos, impensados y hasta abruptos, se suscita aquí belleza en la palabra, en la imagen y en el discurso.»

UNA URGENCIA VITAL

Manuel Giménez González

Una urgencia vital es, seguramente, el libro más emblemático de Manuel Giménez González, un autor que consigue hacer mella en la sensibilidad del lector sumiéndolo en aquellas vivencias sólo comunicables a través del verbo. La delicada y certera observación de lo cotidiano, la obra del paso del tiempo en el ánimo y en el conocimiento del ser humano, y la superación del dolor en aras de la esperanza, son los ejes sobre los que gira la obra de este poeta.

ANTOLOGÍA DE POESÍA MEXICANA DE HOY

Mario Campaña

Primera de las antologías que Bruguera dedicará a la poesía de cada uno de los países de América Latina, realizadas por el poeta y crítico Mario Campaña, este volumen reúne desde los poemas de los autores mexicanos nacidos en la década de los años treinta hasta los de los poetas más jóvenes de hoy. A derecha o izquierda, dentro y fuera de las élites, con las estrategias de lo culto y de lo popular, en la aquiescencia o en la rebelión, en la gravedad o en el humor, en la pasión sutil o hilarante, sofisticada, alerta, versátil, la poesía mexicana en otra evidencia de la extraordinaria riqueza cultural del país de Sor Juana, Alfonso Reyes y Octavio Paz.